MUDANÇAS**FUNDAMENTAIS**
NAGUITARRA**JAZZ**

Um estudo profundo sobre improvisar sobre a harmonia ii V I

JOSEPH**ALEXANDER**

FUNDAMENTAL**CHANGES**

Mudanças Fundamentais na Guitarra Jazz

Um estudo profundo sobre improvisar sobre a harmonia ii V I

Publicado por **www.fundamental-changes.com**

ISBN: 978-1911267331

Copyright © 2019 Joseph Alexander

Traduzido por: Marcos Gutemberg Chaves

O direito moral deste autor foi declarado.

www.fundamental-changes.com

Conteúdo

Introdução

"Pratique o seu 2-5-1", eles disseram. "Pratique o seu 2-5-1 e tudo será revelado".

Eu tinha 18 anos, sozinho e perdido em uma Londres extremamente intimidante, estudando com alguns dos melhores guitarristas do mundo. Estava morando em um pequeno quarto em Perivale com um locatário Italiano e malandro, pagando um aluguel extorsivo para que eu pudesse participar do curso no The Guitar Institute - a resposta europeia ao Berklee College of Music. Eu mal tinha dinheiro para comer, mas eu não me preocupava, pois os segredos do Jazz estavam prestes a ser revelados.

Eu tive a sorte de estudar com alguns dos melhores guitarristas do mundo na faculdade, sem falar nas minhas aulas particulares semanais com Shaun Baxter, um dos pioneiros do jazz fusion. Eu estava motivado e caí de cara nos estudos.

Infelizmente, o que eu não tive tempo de fazer foi absorver a vasta amplitude do material que, todos os dias, era passado para mim.

Eu mal conseguia me suportar, e tinha me imposto uma pressão muito alta para suceder. Assim, abandonei a faculdade por um ano. Eu estava tentando incorporar cada pequena peça de teoria que eles me passavam, todas de uma vez. Eu não estava pronto, porque eu não entendia o básico. Shaun me disse que esses conceitos permaneceriam comigo por anos. Eu não escutei e tentei fazer tudo de uma vez, às vezes no espaço de 1 compasso a um tempo de 230 bpm.

Eu ainda tenho pastas e mais pastas de material avançado de suas aulas que eu não incorporei ao meu som. Eu entendo, é claro... mas foi internalizado e vai se tornar uma parte integral do meu som amanhã? Não.

Depois que eu saí do Guitar Institute, eu tive sorte o suficiente para ser aprovado na minha audição de teste no Leeds College of Music, onde eu tirei o meu bacharelado em Estudos de Jazz. Lá eu conheci um professor que mudou tudo o que eu pensava sobre música. Todos em Leeds pareciam ser mais, digamos, musicais do que em Londres. Mais preocupados em fazer shows e tocar e fazer um som bacana, ao invés de se trancarem em quartos escuros, evitando as garotas.

Em cinco simples frases, Jiannis Pavlidis mudou toda a minha abordagem em relação à música.

"Quem você ouve? Quem te inspira agora?"

"Pat Martino. Ele tem um tempo excelente"

<Jiannis fica na ponta dos pés, mostrando um ponto alto> "o Pat está aqui, certo?"

"Certo"

<Jiannis agacha próximo ao chão com um dedo apontado para o piso> "e você está aqui, certo?"

<Com lágrimas em meus olhos>"Hum..."

"Ok, ok, você está aqui se comparado com o Martino. Todos nós estamos! Mas o que você está tentando fazer é dar um grande salto de uma vez. Se você fizer desse jeito, você nunca conseguirá. MAS o que você pode fazer é isto: <Ele estica o dedo indicador e o polegar a cerca de uma polegada de distância>o que você PODE fazer é isso aqui, 100 vezes, e eu prometo que você chegará lá. Agora vamos estudar..."

Eu nunca agradeci ao Jiannis por essa lição, então este livro é para ele.

Obtenha os Áudios

Os arquivos de áudio para este livro estão disponíveis para download gratuito em **www.fundamental-changes. com**; o link fica no canto superior direito. Basta selecionar o título do livro no menu suspenso e seguir as instruções para obter os áudios.

Nós recomendamos que você baixe e extraia os arquivos diretamente para o seu computador (e não para o tablet) antes de adicioná-los à sua biblioteca de mídia. Assim você pode colocá-los no seu tablet, iPod, ou gravá-los em CD. Na página de download há um arquivo de ajuda em PDF, e nós também fornecemos suporte técnico através do formulário de contato.

Kindle / eReaders

Para aproveitar ao máximo este livro, lembre-se de que você pode aumentar as imagens dando um clique duplo nelas. Desabilite a visualização por colunas e segura o seu Kindle no modo paisagem.

Interaja

Junte-se aos mais de 8.500 guitarristas que recebem seis aulas gratuitas de guitarra todos os dias no Facebook:

www.facebook.com/FundamentalChangesInGuitar

Sobre este livro

Nós vamos esmiuçar.

O 2-5-1 (ou progressão ii V I) é a progressão de acordes mais comum no jazz. Mesmo quando a harmonia está estática, nós ainda estamos tocando 2-5-1s. Quando a progressão de acordes diz 1 6 2 5 ou 3 6 2 5, nós estamos tocando 2-5-1s. Você vai ficar muito bom nisso.

Esse livro não requer nenhum conhecimento prévio além de conseguir tocar colcheias (1/8) a uma velocidade de 150 bpm. Considerando que você escolheu este livro (e eu lhe agradeço por isso), eu estou certo de que você já deve conhecer alguns conceitos daqui, mas peço que, por favor, comece do início.

Nós começaremos desde as notas **tônicas** simples e trabalhar até que você esteja tocando arpejos extensos da substituição trítona, conectando tudo isso com alguns pequenos macetes.

Ao partir do início e construir desde as bases, você encerrará este livro com uma visão incrível da guitarra, enxergando as notas **tônicas** e extensões alteradas de acordes com grande facilidade. Você estará escrevendo as suas próprias frases (e não apenas roubando de jazzes obscuros pela Internet). Você estará ouvindo essas ideias no som de grandes mitos como Parker, Django, Coltrane, Metheny e Martino. Você conseguirá aplicar essas ideias com liberdade através de vários centros tonais, e será capaz de improvisar livremente ou com licks.

Acima de tudo, você soará autêntico, distinto e articulado com o seu instrumento. Eu espero que seja por isso que você esteja aqui.

Vamos começar.

Joseph Alexander

Algo importante sobre cada capítulo.

Cada capítulo é uma aula. Todos os exemplos de áudio estão disponíveis em **http://www.fundamental-changes.com/audio-downloads**, e são tocados lentos e depois rápidos. Há, também, três faixas de apoio para cada capítulo (lenta, média e rápida).

Antes de você ir para a lição seguinte, você deve ser capaz de tocar cada exercício fluentemente sobre a faixa de apoio de velocidade média. PORÉM, o objetivo deste livro NÃO é aprender os meus licks. Este livro é feito para mostrá-lo de onde surge cada lick, e ensiná-lo a escrever os seus próprios.

Então...

Certifique-se de que você entende de onde vêm as notas que eu mostrarei, e do Capítulo 6 em diante, certifique-se de criar pelo menos cinco licks próprios, usando os conceitos de cada capítulo.

Aula 1 - O Que é a 2 5 1 e Como Tocá-la

Este não é um livro sobre teoria musical. A teoria vem depois; tocar vem antes.

A teoria que você precisa saber é esta: A progressão 2 5 1 tem esse nome porque nós pegamos um acorde construído no 2º grau (nota) da escala, outro no **5º** e um no 1º (ou **tônica**).

Por exemplo:

Estamos no tom de Ré Maior (D). Esta é a escala de Ré Maior:

D	E	F#	G	A	B	C#	D
1/ I	2 / II	3 / III	4 / IV	5 / V	6 VI	7 VII	1 / I

O acorde "2" é Mi Maior (E), o "5" é Lá Maior (A) e o "1" (ou **tônica**) é Ré Maior. A partir de agora, para evitar confusão nós utilizaremos

algarismos Romanos para nos referirmos a esses acordes. 2 = ii 5 = V e 1 = I.

ii V I em Ré Maior = E - A - D

Se nós construirmos um acorde de "7ª" com quatro notas em cada "grau" dessa escala, nós criamos a seguinte progressão:

Em7 - A7 - Dmaj7

Isso costuma ser escrito em algarismos romanos assim: iim7 V7 Imaj7 Essa é a fórmula para um ii V I em todos os tons maiores. Agora, ela pode ser manipulada como matemática, pois não importa em qual tom estivermos, a relação entre os acordes sempre será a mesma.

Mas chega de teoria. Vamos dar uma olhada em como nós tocamos isso na guitarra, na **figura e exemplo de áudio 1a.**

Essa simples progressão de acordes é a base de centenas de canções de jazz populares. Ela também está por todos os lugares na música popular e clássica. Você vai aprender rapidamente como ouví-la e reconhecê-la no papel.

Exercício 1:

1) Ouça o exemplo de áudio.

2) Toque junto, e então experimente tocar essa ideia sobre a faixa de apoio lenta.

3) Por fim, toque essa progressão com o auxílio de um metrônomo.

4) Tente mover essa progressão para cima e para baixo no braço da guitarra, tocando em diferentes tons.

5) Pratique essa ideia com as três faixas de apoio, até conseguir tocá-la a 180 bpm.

Você precisa estar confortável com essa progressão, então passe algum tempo treinando.

1) Comece devagar, com apenas uma palhetada por compasso, tocando sempre no primeiro tempo.

2) Gradualmente, construa a densidade do acorde, tocando no primeiro e no terceiro tempo.

3) Então tente tocá-lo no primeiro, no segundo, no terceiro e no quarto.

4) Você também pode tentar tocá-lo apenas no 2º e no 4º.

5) Ou com um ritmo diferente, como o mostrado na **figura e exemplo de áudio 1b.**

Encerramos aqui o Capítulo 1. Domine essa progressão; tente tocá-la em diferentes posições no braço da guitarra, pois ela será a base de todo o resto deste livro.

Aula 2 - O Básico Sobre Improvisar Na Progressão ii V I

O jazz se desenvolveu quando a herança musical da África e as músicas de protesto tradicionais do blues, nascido da escravidão, com a harmonia e instrumentalização ocidental. Nos anos 20 e 30, Nova Orleãs recebeu um grande fluxo de instrumentos de bandas marciais, que eram distribuídos entre a população de escravos recém-libertos.

Os músicos de jazz utilizam uma mistura de *arpejos* (acordes tocados uma nota de cada vez, p. ex., a **tônica**, a **3ª**, a **5ª** e a **7ª**) e *escalas* quando estão solando sobre mudanças de acordes.

É muito mais fácil tocar arpejos do que escalas nesses instrumentos "marchantes" (saxofones, trompetes e clarinetas). Foi assim que a linguagem do jazz se desenvolveu.

Nós podemos descrever um solo de bebop como um monte de frases de arpejos, misturadas por algumas notas de escalas e cromáticas.

Quais arpejos nós devemos tocar e como começamos a fazer música?

Para um acorde menor com sétima (m7), nós tocamos um *arpejo menor com sétima.*

Para um acorde dominante (7), nós tocamos um *arpejo dominante.*

Para um acorde maior com sétima (maj7), nós tocamos um *arpejo maior com sétima.*

Simples.

Vamos começar vendo como esses arpejos se encaixam sobre cada acorde na **figura e exemplo de áudio 2a:**

Comece na nota **tônica** de cada arpejo e toque cada desenho para cima e para baixo. Você precisa memorizá-los.

Esses arpejos são, simplesmente, as notas dos acordes, tocadas uma de cada vez.

Assim que você sentir que aprendeu e memorizou os arpejos, veja a **figura e exemplo de áudio 2b.**

Nós tocaremos apenas a **tônica** de cada arpejo sobre a faixa de apoio. Tocaremos o Mi sobre o acorde de Mi Menor, o Lá sobre o Λ7, etc. Não pule essa etapa, porque ela é muito importante.

Quando estiver confortável, estude a **figura e exemplo de áudio 2c.** Dessa vez, nós tocaremos a **tônica** e a **terça** de cada acorde.

A figura e o exemplo de áudio 2d vai da tônica à quinta, e a figura e exemplo de áudio 2e vai da tônica à sétima.

Seja paciente; se você nunca fez isso antes, é normal que você leve algum tempo para pegar o jeito, mas logo você ouvirá quando estiver tocando o arpejo correto sobre cada acorde.

Essa é uma etapa extremamente importante, já que agora você estará tocando os arpejos apropriados sobre a progressão de acordes.

Aula 3 - Fazendo de Cabeça para Baixo

Agora você pode tocar arpejos ascendentes sobre a progressão ii V I. Foi um grande esforço e já é mais do que muitos músicos fazem, então reconheça a sua conquista.

Até agora, você só tocou a partir da tônica mais baixa de cada arpejo. Muitas vezes, há mais de uma nota tônica em cada posição da guitarra. Tente encontrar outra nota tônica (mais alta) para cada arpejo, e então toque apenas as tônicas sobre cada acorde, como foi feito na primeira aula.

A **figura e exemplo de áudio 3a** mostra como fazer isso.

Se você estudar Miles Davis, um dos maiores músicos de jazz da história, vai perceber que ele raramente utilizava mais de duas oitavas; algumas vezes, ele sequer ia além de uma. Embora nós tenhamos muitas notas disponíveis na guitarra, é bom se lembrar de que nós não precisamos de todas elas de uma vez!

Tão logo você consiga tocar a tônica do acorde/arpejo em uma oitava mais alta, em cada um dos desenhos, experimente tocar a **tônica** e a **terça**, a **tônica**, a **terça** e a **quinta** e, então, a **tônica**, a **terça**, a **quinta** e a **sétima**, em semínimas (1/4) em cada compasso. Isso é demonstrado nas **figuras e exemplos de áudio 3b - 3d**.

Agora aprenda essas melodias no sentido inverso (descendente). Nós estamos trabalhando em busca de total liberdade melódica em nosso instrumento. Dessa forma, já que você aprendeu a tocar ascendentemente a partir da nota tônica, agora aprenderemos a fazer isso descendentemente. Primeiramente,

toque apenas as **tônicas** (como acima), e então as **tônicas** e **sétimas**, e então as **tônicas**, **sétimas** e **quintas**, e então todas as quatro notas do acorde.

Estude as figuras e exemplos de áudio 3e (T, 7ª), 3f (T, 7ª, 5ª) e 3g (T, 7ª, 5ª e 3ª) para entender essa ideia.

Este é o ponto crucial dessa aula: Dessa vez, toque apenas a **terça** de cada arpejo sobre as mudanças de acorde. Isso lhe ajudará a não começar todas as suas improvisações na nota tônica. Eventualmente, quando estiver improvisamos, nós raramente começaremos os solos a partir da tônica de um arpejo.

A **figura e o exemplo de áudio 3h** mostra como tocar apenas a **terça** de cada acorde.

As **figuras e exemplos de áudio 3i** e **3j** mostram o mesmo processo, mas focado sobre as **quintas** e **sétimas**

Visualize cada nota em relação com o acorde sobre o qual você está tocando.

Aula 4 - Arpejos de Terças, Quintas e Sétimas

Na nossa última aula nós nos concentramos apenas nas **terças**, **quintas** e **sétimas** dos nossos arpejos. Se você dominou essas ideias em uma semana, então você é um ponto fora da curva. Se você precisou de mais tempo, tudo bem. Mas certifique-se de estar com as ideias nas pontas dos dedos antes de continuar. Elas são fundamentais para o nosso bebop, então vale a pena passar algum tempo trabalhando nelas.

Nesta aula, a ideia é começar a tocar a partir de qualquer nota que seja do acorde da harmonia, continuando o arpejo normalmente. É possível que você já tenha visto essa ideia sozinho, pois é uma continuação lógica do ponto no qual nós estamos.

Continuando com a nossa abordagem estruturada, a **figura e exemplo de áudio 4a** mostra como tocar a partir da **terça** da oitava baixa de cada arpejo, e prosseguir ascendendo pelo desenho.

A **figura e exemplo de áudio 4b** mostra essa ideia com **quintas**, e a **figura e exemplo de áudio 4c** mostra essa ideia com **sétimas**.

Assim que estiver se sentindo competente, tente essas ideias no sentido inverso (descendente), a partir das **terças**, **quintas** e **sétimas** nas oitavas mais altas, como mostrado nas **figuras e exemplos de áudio 4d-f**.

Tão logo você se sinta confiante que consegue tocar arpejos ascendentes e descendentes a partir de qualquer nota, coloque a faixa de apoio lenta e deixe os seus dedos simplesmente caminharem pelos arpejos.

Tente mudar para a nota mais próxima do arpejo seguinte, e continue os desenhos conforme os acordes mudarem. Isso vai ficando cada vez mais difícil, mas também mais divertido, à medida em que você começa a ouvir algumas linhas clássicas de bebop se formando feito mágica sob os seus dedos.

Não se preocupe se você não conseguir fazer isso logo, pois nós trataremos disso em maiores detalhes no capítulo 6.

Resumindo:

Nós abordamos uma grande quantidade de material. Agora você pode começar a tocar a partir de qualquer ponto em qualquer arpejo, e continuar subindo e descendo pelos desenhos. Você também consegue acertar a nota apropriada do arpejo seguinte. Eu sei que isso exigiu um bocado de trabalho, mas ninguém disse que seria fácil. Acredite em mim quando eu digo que os resultados serão fantásticos! Agora você consegue tocar alterações de jazz...

Passe algum tempo apenas tocando os arpejos sobre a faixa de apoio lenta, e pense melodicamente.

Aula 5 - Temperando a Dominante

Na música, o **acorde V7** (ou *dominante*) geralmente leva ao **acorde I**, e é visto por muitos músicos como um ponto de tensão em qualquer progressão de acordes. Essa tensão é resolvida pelo movimento para o acorde tônico subsequente.

Nessa progressão de acordes o nosso acorde **V7** (**A7**) é a tensão que está exigindo atenção. O acorde I (**Dmaj7**) é o nosso ponto de resolução. Músicos de jazz sabem que, uma vez que o acorde V7 já é tenso, nós podemos inserir tanta tensão quanto desejarmos, contanto que ela seja resolvida suavemente no acorde I. Nós vamos dar uma apimentada!

O primeiro jeito para você aprender a inserir alguma tensão no nosso acorde V é se livrar da **nota tônica** (o "Lá"), substituindo-a por um Si Bemol (Bb). Ele é um semitom mais alto do que a **tônica** e cria um sabor mais autêntico.

Há um grande truque aqui que é bastante simples. Ao invés de tocar um arpejo de **A7**, nós tocaremos um *arpejo de Si Bemol diminuto com sétima*. Ele contém as notas Bb, C#, E e G. O arpejo original de **A7** contém as notas A, C#, E e G, então nós estaremos mudando apenas uma nota. Isso é fácil de ser visualizado na tabela a seguir:

Arpejo de A7	A	C#	E	G
Bb Diminuto Arpejo	Bb	C#	E	G

Você precisa aprender esse novo arpejo no contexto do acorde **A7** que você estudou na aula 1:

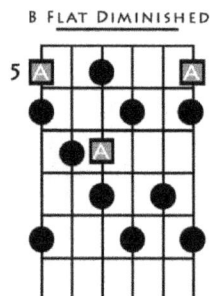

B FLAT DIMINISHED

Não toque os pontos quadrados; apenas visualize-os como a nota tônica do acorde A7. O exemplo abaixo mostra como essa ideia soa sobre uma progressão completa de ii V I:

Bb Diminished 7 Arp

Assim que você se sentir confortável em iniciar o arpejo em Si Bemol (que equivale ao intervalo **b9** de Lá), repita os exercícios dos capítulos anteriores tocando o arpejo na **3ª**, na **5ª** e na **b7** de **A7**, tocando sempre o Si Bemol ao invés de Lá. Pratique essas ideias subindo e descendo.

As **figuras e exemplos de áudio 5b e c** mostram como tocar as **terças** de cada acorde, subindo e descendo. Será bastante benéfico se você encontrar as **quintas** e **sétimas** sozinho (mas se você precisar de ajuda, lembre-se que você já fez um exercício bastante semelhante nas figuras **4a-f**). Faça isso em ambas as oitavas.

Isso não é tão difícil quanto parece, mas levará algum tempo de prática até que seus dedos se acostumem com os desenhos. Se servir de consolo, esse é um dos sons mais importantes e autênticos do bebop, e vale a pena passar algumas semanas trabalhando nisso.

Aula 6 - Acertando as Mudanças

Ótimo! Nós estamos tocando a nossa progressão com a habilidade de começarmos a partir de qualquer ponto do arpejo, ascendente ou descendente, tocar uma nova nota de arpejo no primeiro tempo do compasso seguinte, e então adicionar tensão ao acorde **V7** usando um Si Bemol ao invés de um Lá. Esse Si Bemol sobre o "**A7**" é chamado tecnicamente de "**b9**".

Enquanto isso tudo ainda estiver tomando forma, pode ser que você esteja com dificuldades para criar alguma coisa musical. Afinal, nós estamos dando várias voltas e ainda não encontramos aquelas linhas bem fluídas que escutamos nos álbuns. É isso que aprenderemos nesta lição.

Essencialmente, nós iremos deixar os nossos dedos caminharem pelos desenhos de arpejos e, ao invés de pular para um intervalo em específico na mudança de acode, nós tocaremos a nota mais próxima do arpejo seguinte. Isso foi brevemente mencionado nos capítulos anteriores, mas é aqui onde tudo realmente se conecta com a ideia.

A **figura e exemplo de áudio 6a** é um ótimo exemplo inicial:

No exemplo acima, nós tocamos um arpejo ascendente de **Em7**, a partir da nota **tônica**, encerrando na nota Ré (**b7**), no quarto tempo. A nota mais próxima do acorde seguinte é **C#** (**terça**), presente no **A7**. Nós subimos por um arpejo de **Bb diminuto** até tocarmos a **Bb** (equivalente ao intervalo b9 de Lá), e então resolvemos tudo isso tocando o **A** (b) do **Dmaj7**, tocando o arpejo descendente. Dessa forma, nós teremos: Uma frase de jazz em semínimas (1/4).

A **figura e exemplo de áudio 6b** oferece um exemplo de como usar as ideias descendentes.

Comece no **G (b3)** do arpejo de Mi Menor. Desça até atingir o **B (5ª)**, e então acerte o **Bb (b9 de A7)** do arpejo de Si Bemol Diminuto com Sétima. Desça até atingir o **C# (3ª de Lá)** e resolva em um semitom acima, na nota **tônica** de **Dmaj7**.

Tente a **figura 6c**; são desenhos ascendentes, começando das notas mais próximas de cada mudança:

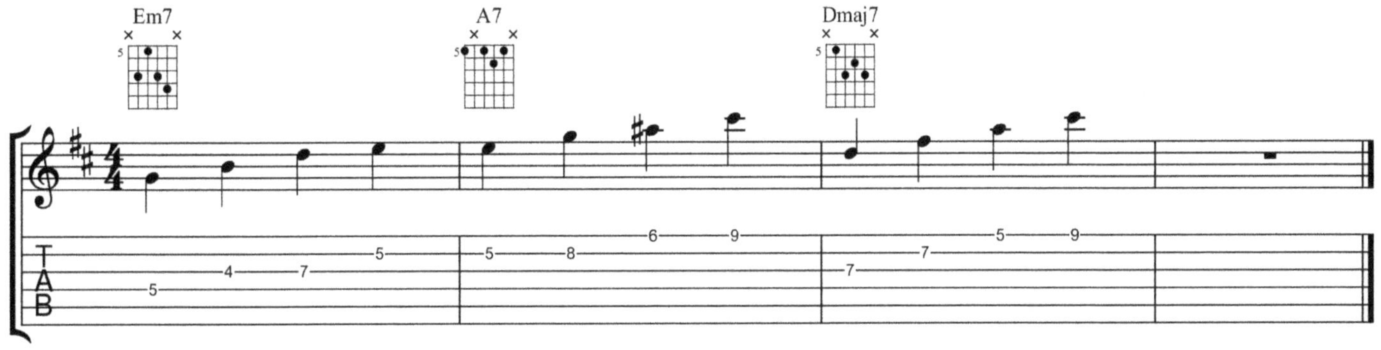

Figura 6d, apenas na descendente:

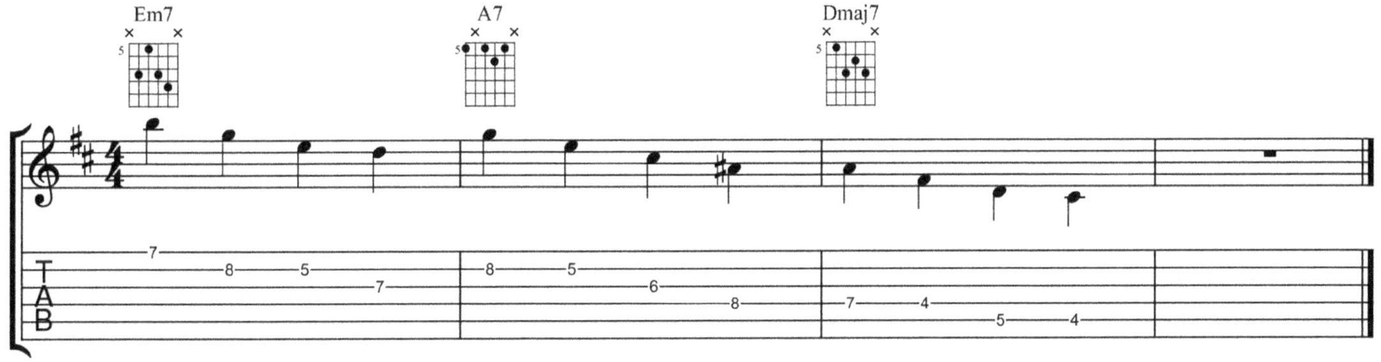

Figura 6e, subindo em um desenho e descendo em outro.

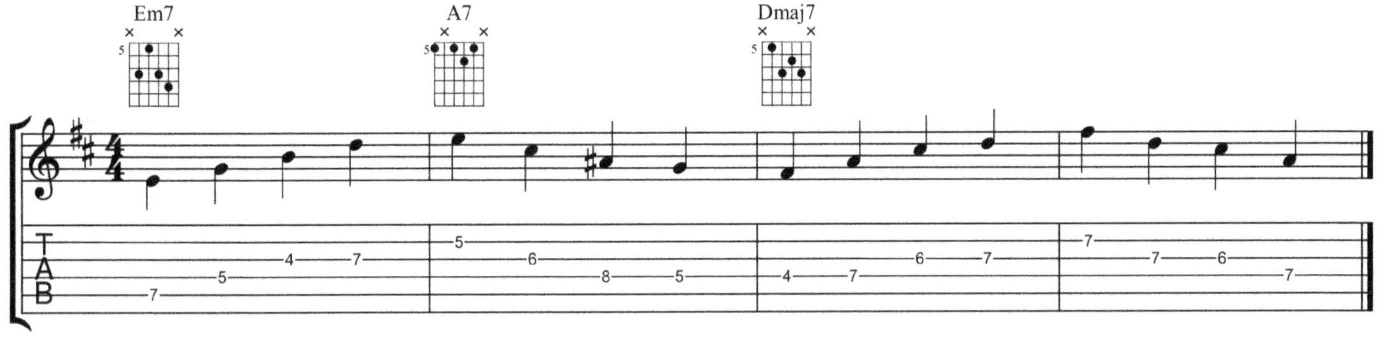

Figura 6f, descendo e então subindo.

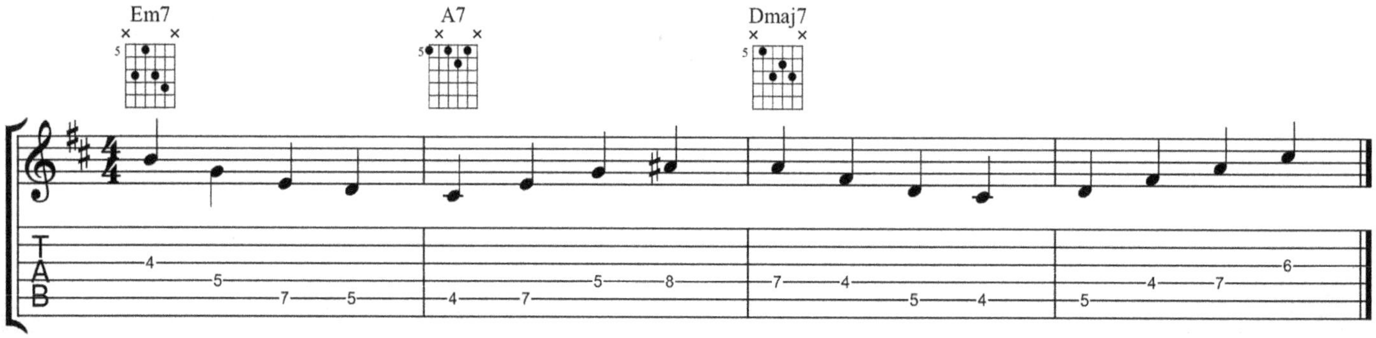

Figura 6g, este padrão:

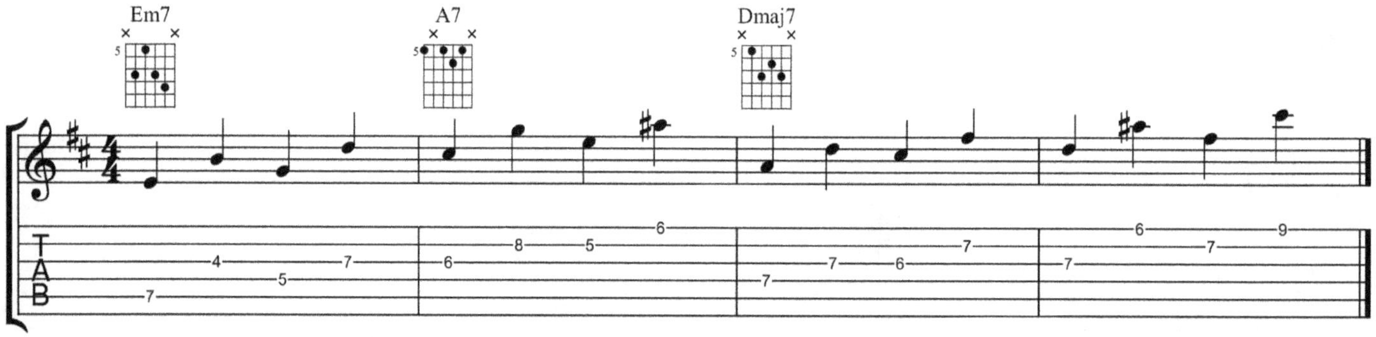

Figura 6h, este padrão:

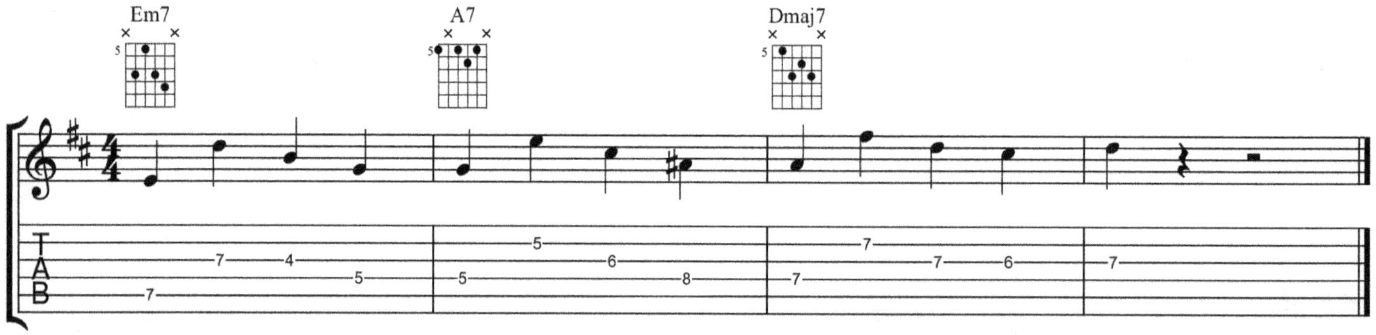

Figura 6i - apenas improvisando. Tente tocar em colcheias (1/8):

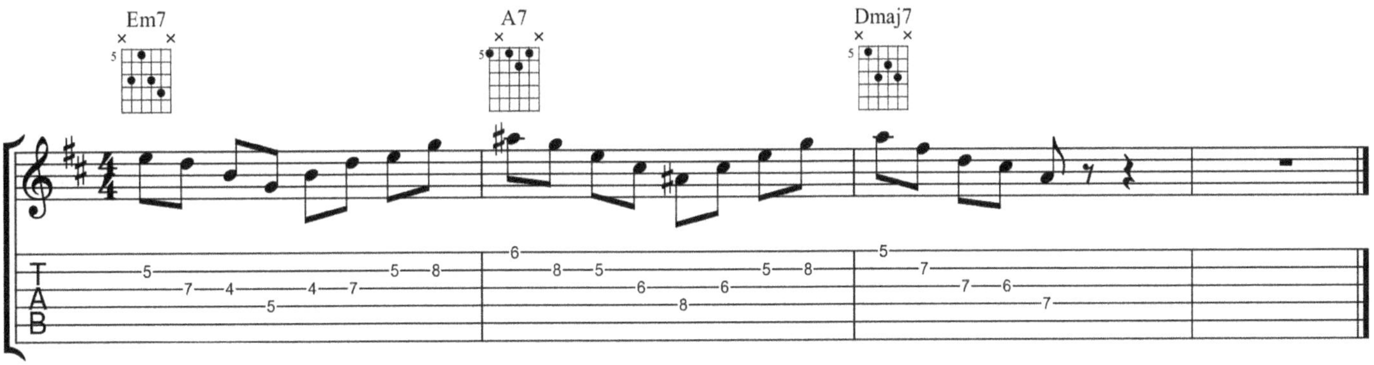

Resumindo:

Você agora está improvisando com arpejos sobre acordes - e, mais importante ainda, você está acertando as mudanças. É aí que a melodia começa a tomar forma, e é quando você oficialmente começa a tocar jazz. Passe algum tempo aqui antes de continuar.

Essas ideias estão aqui apenas para fomentar a sua criatividade. Quaisquer dos padrões ou desenhos acima podem começar a partir de qualquer nota da progressão, o que gera possibilidades praticamente infinitas de linhas de jazz. Só não deixe isso te afetar. Quando eu estava no palco, esse conceito se fazia presente através de um exercício auricular: O que está acontecendo é que você está treinando os seus ouvidos para encontrar as notas "seguras" de cada acorde. Com o passar do tempo, você simplesmente não precisará mais pensar, pois bastará deixar os seus ouvidos e hábitos lhe guiarem.

Aula 7 - Juntando os Pontos: Notas Cromáticas de Passagem

Agora nós estamos tocando a progressão com a habilidade de começar em qualquer ponto do arpejo, descer e subir, acertar as notas mais próximas dos arpejos no primeiro tempo do compasso, e colocar tensão no acorde V7 usando um Si Bemol ao invés de um Lá.

No jazz, há bastante *cromatismo*. Cromatismo é, simplesmente, utilizar notas alheias à escala do tom.

É muito fácil incorporar cromatismos aos seus solos. Você pode fazê-lo ao conectar nossos desenhos de arpejos com notas que estão entre dois desenhos sucessivos.

Isso é mais fácil de se ouvir e de enxergar ao invés de apenas descrever, então leia e veja a **figura e exemplo de áudio 7a.**

Comece na nota **tônica** do arpejo de **Em7**, e suba três notas até a **5ª** (B). Você deve ver que a **3ª** do nosso acorde **A7** (C#) está uma nota acima, na 6ª casa. Ao invés de continuar o arpejo de **Em7**, nós iremos preencher a lacuna no quarto tempo com um Dó natural, usando isso como uma nota de aproximação cromática ao C# que será tocado no primeiro tempo do **A7**. Nós continuamos com três notas do arpejo de **A7** para alcançar a **b7** (G). Dessa vez nós iremos buscar a **5ª** (A) do nosso arpejo de **Dmaj7**. Isso já é um pouco mais difícil de visualizar, mas nós podemos preencher a lacuna entre o Sol e o Lá com um G# na 4ª casa da 1ª corda. Aí, nós resolvemos no Lá do acorde **Dmaj7** no primeiro tempo.

"Preencher as lacunas" cria um som muito importante no jazz. Assim que você entender esse conceito, os seus solos imediatamente soarão mais autênticos e interessantes. Na verdade, quando nós estamos tocando quatro notas por compasso dessa forma, você pode tocar uma nota cromática no quarto tempo antes de qualquer troca de acorde. Se estiver tocando oito notas por compasso, tente colocá-la na oitava nota.

Tente a **figura e exemplo de áudio 7b:**

No exemplo anterior nós começamos na **b3** do arpejo de **Em7**, e descemos três notas até chegarmos ao intervalo **b7**. - Espero que você consiga perceber que a **3ª** do **acorde A7 (C#)** está um semitom abaixo do nosso dedo, mas nós temos mais um tempo para preencher no **Em7**. Ao invés de ir até a **quinta** do acorde **Em7**, nós iremos tocar um **Dó natural**. Essa nota está um semitom abaixo da nota-alvo (**C#**), e se nós a tocarmos logo antes da nossa mudança de acordes, ela soará fantástica. Esse é o famoso "*boxing in*".

Você também pode inserir uma nota de aproximação da escala ou cromática antes de uma nota de **Em7**. A **figura e exemplo de áudio 7c** é um bom exemplo, usando quatro notas por compasso. Ela começa com uma nota de aproximação antes da **tônica** do **Em7**, uma nota de aproximação a **b9** do acorde **A7** e uma passagem cromática entre o **A7** e o **Dmaj7**. Isso cria um complexo som de bebop.

Como praticar este importante conceito:

Estude as ideias acima. Elas irão ajudá-lo a entender os sons e ideias por trás desses movimentos. Toque semínimas (1/4) bem lentas sobre as mudanças, tocando três notas do arpejo correto nos três primeiros tempos.

No quarto tempo, se você estiver a um semitom (uma casa) de distância do seu acorde alvo do compasso seguinte, toque uma nota que esteja a um semitom, para trás ou para frente, e resolva a sequência entrando na nota alvo, conforme a **figura e exemplo de áudio 7d**:

Se no terceiro tempo você estiver a um tom de distância da sua próxima nota alvo, preencha a lacuna cromaticamente como no segundo compasso da **figura e exemplo de áudio 7e**:

Lembre-se de que você possui notas acima e abaixo da nota alvo. A **figura e exemplo de áudio 7f** mostra como você pode descer e subir a partir do mesmo ponto.

Passe tanto tempo quanto possível explorando as possibilidades oferecidas pela adição de notas cromáticas à sua execução. Quando se sentir confortável, comece a tocar colcheias (1/8), sempre tocando as notas cromáticas no último tempo do compasso.

Um bom exemplo é a **figura e exemplo de áudio 7g**:

Aumente a velocidade gradativamente. (Há versões da faixa de apoio 3 em diversas velocidades) Naturalmente, você irá favorecer certos movimentos e padrões de notas alvo. Isso criará um hábito musical, ou "licks", que você sempre estará tocando. É bom que isso aconteça.

Nunca pense que você sempre precisará ter todas as suas opções disponíveis, a qualquer momento do seu solo. Até mesmo os ótimos guitarristas têm um número limitado de formas para tocar as mudanças, e você consegue ouvir esses licks surgirem de tempos em tempos quando eles estão tocando.

Para encerrar, escreva as ideias que você gosta de tocar (especialmente em colcheias), para manter um registro. É possível que, algum dia, você esqueça essas ideias, mas é sempre bom voltar a tocar as ideias que te empolgaram quando você começou a tocar.

Aula 8 - A Escala Bebop

Uma ideia comum no jazz, e especialmente no bebop, é tocar uma figura ascendente de arpejo, e voltar descendo por uma escala. Quando os musicólogos estudaram os solos dos grandes guitarristas de jazz, eles perceberam uma tendência em relação à escala usada para o desenho descendente. Eles a chamaram de "Escala Bebop". Charlie Parker e Pat Martino são grandes fãs dessa técnica.

A escala bebop é uma escala de 8 notas, formada pela adição de uma **7ª natural** ao modo Mixolídio.

A **figura e exemplo de áudio 8a** mostra os intervalos e a notação do modo Mixolídio em Lá.

Lá Mixolídio	A	B	C#	D	E	F#	G	A
Intervalos:	1	2	3	4	5	6	b7	8/1

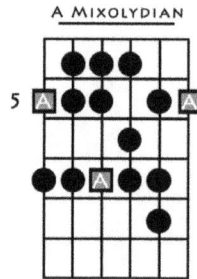

Apesar de essa escala soar muito bem sobre um **Em7** ou um **A7**, ela soará ainda melhor quando tocada com a **7ª natural** do bebop.

A **figura e exemplo de áudio 8b** mostra os intervalos e a notação da escala Mixolídia Bebop de Lá:

Lá Mixolídio Bebop:	A	B	C#	D	E	F#	G	G#	A
Intervalos	1	2	3	4	5	6	b7	7	8/1

A MIXOLYDIAN
BEBOP

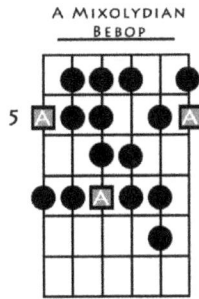

Essa escala funciona bem por dois motivos: ela tem todas as notas do nosso acorde Em7 (E G B D) e do acorde A7 (A C# E G). Ela também contém oito notas, e considerando que o jazz geralmente é tocado com colcheias (1/8) ou semicolcheias (1/16), essa escala preenche perfeitamente essas lacunas.

Praticando a escala bebop.

Assim que você estiver confortável em tocar a escala bebop subindo e descendo, você deve passar a incorporar esse som - imediatamente. Por ora, nós iremos omitir o acorde **Dmaj7** e tocar essa escala apenas sobre a parte ii V da progressão.

A nossa única regra é iniciar a frase a partir de uma nota do arpejo de cada acorde. Assim, começando logicamente, nós tocaremos a escala bebop a partir da **tônica** do **Em7**, e subir 8 notas. A próxima nota na subida da escala é a **quinta** (E) do acorde **A7**. Toque essa nota no primeiro tempo, e então desça a escala como na **figura e exemplo de áudio 8c**.

Consegue perceber que a nota bebop **(G#)** cai num contratempo? É exatamente isso que desejamos. Caso contrário, o G# ia colidir com o G natural nos acordes. Esse exemplo também funciona bem no desenho descendente, como mostrado na **figura e exemplo de áudio 8d.**

A **figura e exemplo de áudio 8e** mostra isso a partir da **terça** do Mi Menor. Mais uma vez, o G# cai no contratempo.

Quando nós tocamos a escala bebop a partir da **quinta** do **Em7**, nós cruzamos com um pequeno desafio, pois a nota bebop é tocada no tempo (e não no contratempo). Nós não queremos isso, e a figura e exemplo de áudio 8f mostra um jeito de balançar as notas para colocar o G# no contratempo.

Por fim, a **figura e exemplo de áudio 8g** ilustra ideias ascendentes e descendentes a partir da **b7** do acorde **Em7**, ajustando as notas para que o G# seja tocado no contratempo e de forma que ainda consigamos tocar uma nota do arpejo de **A7**.

A essa altura, você já deve estar com o som da escala em seus ouvidos, e começando a sentir como colocar o G# sempre no contratempo. É hora de começar a tocar!

Coloque a faixa de apoio lenta e deixe os seus dedos brincarem pela escala bebop sobre a progressão ii V. Tente sempre colocar o G# no contratempo.

Aqui vão algumas ideias para você praticar.

Comece a tocar nos tempo 2, 3 ou 4 do acorde **Em7**, como na **figura a exemplo de áudio 8h:** Veja como isso afeta o seu posicionamento da nota G# e o seu acerto nas notas apropriadas.

Comece com uma nota de fora do acorde, em um movimento no contratempo para uma nota da escala, para um autêntico som bebop, como na **figura e exemplo de áudio 8i.**

Toque a escala bebop apenas na descendente, a partir de notas diferentes, como na **figura e exemplo de áudio 8j.** Tente começar em tempos diferentes.

Combinar essas ideias com os arpejos e as abordagens cromáticas será a sua próxima lição.

Aula 9 - Combinando Arpejos com a Escala Bebop

Nós trabalhamos bastante nos arpejos e na escala bebop. Agora é hora de combinar essas duas ferramentas para construir um som mais musical e articulado. Para fazer isso, nós começaremos a tocar arpejos ascendentes a partir das notas do acorde, e então tocaremos a escala bebop descendente. Esse é um som bastante comum, e você pode utilizá-lo para escrever as suas próprias frases e licks.

Mais uma vez, nós iniciaremos a nossa abordagem estruturada com um arpejo ascendente de **Em7**, da **tônica** até a **b7**. A partir daí nós descemos quatro notas pela escala bebop, chegando a uma nota Sol, a **b7** do acorde **A7**. Nós subimos pelo arpejo de Bbdim até a oitava do **b7** (G); descemos pela escala bebop até chegarmos à 7ª maior **(C#)** do acorde de **Ré Maior** e, por fim, chegamos à nota Lá para um autêntico sabor bebop.

Isso é mostrado na **figura e exemplo de áudio 9a.**

A seguir, nós começaremos na **b3** de **Em** (G), subindo o arpejo até a **5ª** (B) e descendo pela escala bebop até chegarmos à **b7** do acorde **A7**. Aí nós descemos pelo arpejo de Bbdim até a **b9** do acorde **A7**, e seguimos descendo a escala bebop até chegarmos à **3ª** do acorde D. Estude a **figura e exemplo de áudio 9b.**

A **figura e exemplo de áudio 9c** é outro exemplo em que a **terça** de Em acerta a **terça** de **A7**, com um padrão de notas cromáticas até a **terça** do acorde D:

A **figura e exemplo de áudio 9d** sobe a partir da **5ª** de **Em7**; sobe o arpejo da **5ª** até a **3ª**, tocando um Lá na corda mais alta e descendo a escala bebop até a **5ª** do acorde **A7** (E). Aqui nós tocamos uma ideia cromática para chegarmos à **3ª**, descendo pela **b9** da escala bebop com um pequeno salto cromático para a **3ª** de **Dmaj7**.

A **figura e exemplo de áudio 9e** é um exemplo da **b7** de **Em**: O arpejo sobe da **b7** para a **b3**, e desce pela escala bebop. Aborde cromaticamente a **5ª** de **A7** (E). Toque o arpejo de Bbdim de forma ascendente até a **5ª**, e então desça até a **5ª** do acorde **Dmaj7**.

Eu dei um ou dois exemplos para cada arpejo, mas eu espero que você esteja ansioso para criar as suas próprias frases - e que elas sejam únicas e fluídas!

Como você pode ser criativo com esse conceito?

Aprender e tocar as linhas acima com confiança é uma etapa importante, pois essas frases são um ótimo ponto de partida. Há um motivo pelo qual eu escrevi a teoria por trás da construção dessas linhas. Assim, você entende o que está acontecendo tecnicamente, e isso irá ajudá-lo a desenvolver a sua própria voz.

Tenha paciência e determinação para aprender e entender essas frases antes de embarcar na sua própria viagem de descoberta.

Quando eu estava escrevendo essas ideias, eu sentei com a minha guitarra e disse a mim mesmo: "OK, o que acontece se eu for subindo com um arpejo de quatro notas, e então descer pela escala bebop?" Então eu passei algum tempo descobrindo algumas frases. Eu não me prendi muito a essas regras, o que você perceberá se realmente estudar as frases acima. Entretanto, isso foi o meu ponto de partida, e tudo se desenvolveu naturalmente a partir daí.

Quando estiver escrevendo as suas próprias frases, que tal utilizar essas ideias para pegar o embalo?

Toque um arpejo ascendente de 3 notas, e desça pela escala bebop. Suba em 4 ou 5 notas, etc.

Pule os intervalos: ao invés de 1, b3, 5 e b7, tente 1, 5, b3 e 7, como na **figura e exemplo de áudio 9f:**

Pule os intervalos 1-5 e desça pela escala bebop, como na **figura e exemplo de áudio 9g:**

Insira padrões de cromáticos, como na **figura e exemplo de áudio 9h:**

Comece a frase nos tempos 2, 3 ou 4.

Toque uma nota cromática no contratempo antes da sua primeira nota do arpejo, como na **figura e exemplo de áudio 9i:**

Há várias combinações possíveis. Por ora, trabalhe apena uma ideia de cada vez. Se quiser escrever suas frases, você encontrará algumas folhas em branco na parte de trás deste livro - além de inúmeros recursos gratuitos online para imprimir partituras e tablaturas.

Lembre-se, você não conseguirá amontoar todas as ideias em seus licks. Mantenha sua execução simples e tente pensar nessa aula como uma chance de internalizar o som da escala bebop em conjunto com os arpejos.

Aula 10 - Arpejos Ampliados (3-9)

Nos capítulos anteriores eu mencionei que os guitarristas de jazz não tocam a tônica do acorde sobre o qual estão solando. A nota tônica é, normalmente, tocada pelo baixista ou pelos outros instrumentos harmônicos.

Neste capítulo nós veremos como tocar arpejos que substituem a nota tônica do acorde com a **9ª** desse mesmo acorde.

O que é uma 9ª

Para lhe inteirar desse assunto (sem muita teoria), vamos dar uma olhada na escala de Ré Maior que nós discutimos no Capítulo 1. Agora, porém, nós iremos ampliá-la em 2 oitavas.

D	E	F#	G	A	B	C#	D	E	F#	G	A	B	C#	D
1	2	3	4	5	6	7	1/8	9	3	11	5	13	7	1

Veja a 2ª oitava. Nessa oitava mais alta, se uma nota estiver no acorde original (**Dmaj7**), nós ainda nos referimos como **3ª**, **5ª** ou **7ª**, mas as outras notas são chamadas de "extensões". Elas são as **9ª**s, **11ª**s e **13ª**s. Elas soam ricas e interessantes quando tocadas sobre os acordes originais, mas muitas vezes precisam de um certo tipo de resolução, que fica ao encargo de alguma nota próxima.

Veja como formar um arpejo ampliado de **Ré Maior**: Comece na **3ª** do acorde (**F#**). Pule a nota Sol e aterrisse no **Lá**. Pule outra nota e toque o **C#** e, finalmente, pule outra nota e toque o **E**. Como você pode perceber, a nota E é a **9ª** nota da escala de **Ré Maior** e tem um som maravilhoso sobre o acorde **Dmaj7**. Nós ainda estamos tocando três notas do acorde **Dmaj7**, mas substituímos a nota **tônica** pela **9ª**.

Ouça o arpejo ampliado contra o acorde **Dmaj7** na **figura e exemplo de áudio 10a**:

Nós podemos repetir esse processo sobre o acorde **Em7**.

Se começarmos na **3ª**, isso nos dá as notas G, B, D e F# (sendo F# a **9ª**), como na **figura e exemplo de áudio 10b**.

Por fim, vamos repetir essa ideia com o acorde **A7**, mas ainda iremos utilizar a **b9** do arpejo diminuto para inserir um som tipicamente bebop. Isso nos dá as notas C#, E, G e Bb (sendo Bb a **b9**), como mostrado na **figura e exemplo de áudio 10c.**

Nos primeiros nove capítulos eu destaquei bastante para você sempre aprender os arpejos dos acordes a partir da **tônica**. Sempre que você aprender a solar sobre um novo jazz, sempre comece a tocar arpejos ascendentes e descendentes a partir da **tônica**. Só prossiga para esses arpejos ampliados depois que tiver os conceitos originais dominados. Dessa forma, você sempre consegue visualizar e ouvir as notas dos acordes "seguros" no braço da guitarra.

Assim que tiver aprendido os desenhos, você pode experimentar tocar esses arpejos estendidos de **3ª-9ª** sobre a progressão ii V I, como na **figura e exemplo de áudio 10d.** Passe algum tempo internalizando esse som. Mais uma vez, ele é fundamental para solar no jazz. Comece com a faixa de apoio lenta. Assim que você conseguir tocar isso sobre a faixa de apoio, toque o exercício apenas com um metrônomo, sem faixas de apoio.

Quando se sentir confortável, tente tocar os arpejos de forma descendente, da **9ª** até a **3ª**, primeiro com as faixas de apoio e depois apenas com o metrônomo. Estude a **figura e exemplo de áudio 10e.**

É hora de trazer a escala bebop para o nosso arpejo ascendente (**3ª-9ª**). Se você fez a lição de casa nos capítulos anteriores, então não terá problemas aqui. Você vai parecer com o Charlie Parker! Veja a **figura e exemplo de áudio 10f.**

Você pode começar na 5ª Preste atenção naquele balanço para tocar a nota bebop no contratempo, sobre o acorde b, na **figura e exemplo de áudio 10g.**

A **figura e exemplo de áudio 10h** reintroduz as notas de passagem cromática.

A **figura e exemplo de áudio 10i** ilustra, em apenas um lick, os padrões de arpejo, notas cromáticas e escala bebop.

Espero que você esteja pegando a ideia. Se não, reveja alguns dos capítulos anteriores e volte para este quando estiver mais familiarizado com essas aulas. Nós já estamos soando harmonicamente mais ricos e complexos. Veja essas ideias como conceitos para você investigar e escrever as suas próprias frases.

Um jeito útil de praticar é solando sobre um *vamp* de um único acorde.

Quando estiver confortável com essas ideias sobre **Em7**, prossiga para **A7** e, então, para o **Dmaj7**. Por fim, tente abordar essa estrutura melódica sobre toda a progressão.

Logo você começará a ouvir as **9ªs** de forma tão simples quanto você ouvia as **tônicas.** Esse é um ponto-chave de aprender o bebop. A descoberta desse conceito foi um momento marcante no desenvolvimento do jazz nos anos 40.

Para saber se você internalizou essas ideias, você deve ser capaz de tocá-las de cabeça sobre as faixas de apoio. E não é só isso: você deve ser capaz de construir as suas próprias linhas a partir dos conceitos discutidos, e ser capaz de ver ou ouvir cada uma das notas que você está tocando como extensão do acorde subjacente.

Aula 11 - Arpejos Ampliados (5-11)

Agora, nós iremos ampliar os arpejos para incluir a **11ª** de nossos acordes.

No capítulo anterior, nós começamos na **3ª** de cada acorde, e chegamos à **9ª** da oitava seguinte. Dessa vez, nós estaremos tocando a partir da **5ª**, até chegarmos à **11ª**.

Veja novamente este diagrama de **Dmaj7**:

D	E	F#	G	A	B	C#	D	E	F#	G	A	B	C#	D
1	2	3	4	5 ☆	6	7 ☆	1/8	9 ☆	3	11 ☆	5	13	7	1

Comece no Lá (a **5ª**); pule o Si e toque o C#. Pule o Ré; toque o Mi (a **9ª**); pule o Fá Sustenido e toque o Sol.

As notas que você está tocando sobre o acorde Dmaj7 são A, C#, E e G; as notas originais do acorde são A e C#, a **5ª** e a **7ª**. As notas E e D são as extensões **9** e **11**.

Quanto mais nós ampliarmos nossos acordes para além das notas originais, menos nós ouviremos as notas que realçam a harmonia subjacente. Essa é uma faca de dois gumes. De um lado, nós estaremos tocando harmonias mais ricas e interessantes; do outro, nós podemos acabar perdendo esse forte relacionamento entre acorde e arpejo, que é tão importante no jazz.

Tome cuidado: Geralmente, em acordes **maj7** ou **dominantes**, a **11ª** é substituída por uma **#11**. Isso ocorre porque a **11ª** natural fica a um semitom de distância da **terça** fundamental do acorde (p. ex., G contra F# no acorde de Ré Maior). Essas notas podem entrar em conflito e gerar uma tensão não resolvida contra o acorde original.

Como nós precisamos começar de algum lugar nesta aula, nós vamos tocar a **11ª** natural no acorde tônico e no acorde dominante (**A7**). Toque essas ideias por um tempo enquanto você ainda tem escolha! Se os seus ouvidos estiverem dizendo para você seguir em direção à nota **#11**, vá em frente.

Vamos dar uma olhada nas notas do arpejo ampliado 5-11 para a nossa progressão de acordes ii V I.

Em7	B	D	F#	A
Intervalos	5	b7	9	11

A7	E	G	Bb	D
Intervalos	5	b7	b9	11

Dmaj7	A	C#	E	G
Intervalos	5	7	9	11

As **figuras e exemplos de áudio 11a-11c** demonstram os arpejos ascendentes e descendentes sobre cada acorde.

A **figura e exemplo de áudio 11d** mostra arpejos 5-11 ascendentes sobre a progressão ii V I.

A **figura e exemplo de áudio 11e** demonstra essa ideia na descendente.

A **figura e exemplo de áudio 11f** mostra uma nova ideia: arpejos ascendentes e descendentes, mas alternados.

Passe algum tempo permitindo que seus dedos viajem pelos arpejos ampliados, procurando pela nota mais próxima quando os acordes da harmonia se alteram (como nós fizemos no capítulo 4).

Assim que estiver confortável com essas figuras, você pode começar a adicionar todos os dispositivos melódicos que nós discutimos nos capítulos anteriores, como escalas bebop descendentes, notas nota de aproximação cromática, saltos de intervalos começando em tempos diferentes, e tudo o que o seu ouvido lhe sugerir!

Algumas ideias são mostradas nas **figuras e exemplos de áudio 11 g-j.** Eu alguns exemplos eu inseri a **#11** no lugar da 11ª natural, apenas para que você possa ouvir as opções.

Alternate ending with #11

Obviamente, algumas das nossas ideias de exercícios serão repetidas conforme nós abordamos cada arpejo ampliado. Assim que tivermos estudados todas essas ideias, nós simplesmente descartamos aquelas que não gostamos. Pelo menos nós estamos tomando decisões musicais fundamentadas.

Por exemplo: eu adoro ouvir os intervalos **5-11** e **b7-13** (veremos isso no próximo capítulo) sobre o acorde **Em7**.

Eu também gosto do **3-9** no **Dmaj7** e várias outras ideias em acordes dominantes.

Dentro de alguns capítulos eu vou lhe dar uma nova perspectiva com relação a solar sobre acordes dominantes, e você terá a liberdade de escolher entre diferentes variações.

Leve o tempo que for necessário! Comece devagar e desenvolva a liberdade para tocar o que você escuta, e fazer escolhas musicais específicas.

Se você consegue tocar essas ideias de cabeça, sobre a faixa de apoio mais rápida, isso significa que você as internalizou completamente. E não é só isso: você deve ser capaz de construir as suas próprias linhas a partir dos conceitos discutidos, e ser capaz de ver ou ouvir cada uma das notas que você está tocando como extensão do acorde subjacente.

Aula 12 - Arpejos Ampliados (7-13)

Vamos explorar os arpejos ampliados da **7ª** à 13ª em nossas mudanças. Esse é um dos meus sons favoritos, tanto sobre o **Em7** quanto sobre o **A7**. Ele também combina muito bem com a escala bebop, gerando uma rica fonte de melodias.

D	E	F#	G	A	B	C#	D	E	F#	G	A	B	C#	D
1	2	3	4	5	6	7	1/8 ☆	9	3 ☆	11	5 ☆	13	7 ☆	1

Comece na **b7** de Mi Menor (D), então salte para o F#, A e C#. Esses arpejos são mostrados com suas extensões nas tabelas a seguir:

Em7	D	F#	A	C#
Intervalos	b7	9	11	13

A7	G	Bb	D	F#
Intervalos	b7	b9	11	13

Dmaj7	C#	E	G	B
Intervalos	7	9	11	13

Posteriormente, pode ser uma boa ideia estudar os acordes dominantes e maj7 com a **#11** (você vai encontrar alguns exemplos).

As **figuras e exemplos de áudio 12a-c** mostram cada arpejo ampliado tocado sobre o acorde correspondente.

As **figuras e exemplos de áudio 12d-f** mostram essas ideias tocadas de forma ascendente, descendente e alternada sobre a progressão ii V I.

Como sempre, dê algum tempo para que seus dedos explorem os arpejos ampliados, procurando pela nota mais próxima a ser tocada durante a mudança na harmonia. A **figura e exemplo de áudio 12g** mostra uma forma de fazer isso.

Você deve encarar essas ideias ampliadas com a mesma importância e seriedade das ideias dos capítulos anteriores. Pessoalmente, eu passei semanas (se não meses!) trabalhando nesses conceitos, e eu ainda os pratico sempre. Arpejos ampliados são, quase literalmente, a diferença entre tocar Bebop e Bach. A seguir, veja como esses arpejos se relacionam com a escala bebop e as notas nota de aproximação cromática. Assim como nos arpejos **5-11**, eu vou colocar alguns intervalos **#11** no acorde tônico, apenas para lhe mostrar algumas possibilidades

A **figura e exemplo de áudio 12h** é uma ideia que se inicia na **b7** de **Em**, usando a escala bebop para tocar a **b7** de **A7** antes de tocar um arpejo ascendente de **Dmaj7**, da **7ª** à **13ª** (tocando a **#11: G#**).

A **figura e exemplo de áudio 12i** ilustra as notas nota de aproximação cromática em um padrão descendente (13-7), seguidas por uma escala bebop ascendente, até a **b9** de **A7**. Ela continua com o padrão **7-13** antes de descer em um arpejo **3-9** sobre **Dmaj7**:

A **figura e exemplo de áudio 12j** utiliza a oitava mais alta de **Em7-13**. Tente essa ideia tanto com o intervalo **11** quanto com o **#11** sobre o **Dmaj7**.

Resumindo:

O **7-13** é uma parte fundamental do vocabulário bebop. Ele é usando constantemente e possui uma abordagem extremamente idiomática. Você deve buscar o domínio dessa ideia, com tantos licks e conceitos baseados na combinação desse arpejo com a escala bebop quanto possíveis.

É vital escrever e memorizar os seus próprios licks. Toque-os cada vez mais rápido com o auxílio de um metrônomo, até que se tornem habituais em seu vocabulário. Você deve seguir em frente apenas quando conseguir visualizar que cada nota que você tocar é uma extensão do acorde da harmonia.

Aula 13 - O Conceito de Arpejo Mais Próximo

Esse capítulo se resume a criar melodias. Mais uma vez, eu reitero: se você nunca cruzou com os cocneitos dos capítulos anteriores, você provavelmente levará alguns meses até internalizar os sons, desenhos e o feeling de tocar esses arpejos ampliados sobre uma progressão ii V I.

A ideia dessa aula é ensiná-lo a construir melodias e absorver todas as possibilidades de arpejos que estão sob as pontas dos seus dedos. Nós fazemos isso tocando a nota mais próxima do arpejo seguinte quando há uma mudança de acorde na harmonia. Isso faz com que continuemos a frase de forma fluída sobre as mudanças harmônicas.

Quando nós tocamos 4 (ou 8) notas de um arpejo e chega a hora de trocar de acorde, nós, logicamente, nós temos três possibilidades de acertar a nota mais próxima do acorde seguinte:

1) Descer para a nota mais próxima.

2) Subir para a nota mais próxima.

3) Repetir a nota, se ela estiver em ambos os acordes.

Assim que tivermos tomado essa decisão, então teremos outras duas opções:

1) Subir para o próximo arpejo.

2) Descer para o próximo arpejo.

3 x 2 nos dá 6 possibilidades de continuar a nossa melodia; entretanto, como o nosso instrumento possui um alcance limitado, às vezes não será possível subir ou descer mais além.

Seis possibilidades é um número considerável para abordarmos, então vamos nos concentrar no primeiro conceito.

Desça para a nota de acorde mais próxima e toque na direção que parecer mais apropriada para os seus ouvidos.

É fácil ficar perdido na miríade de permutações. Com isso, nós nos esquecemos do objetivo principal:

Tocar melodias!

O segredo é: se na mudança de acordes você toca uma extensão, então a tendência é tocar um arpejo descendente. Se na mudança de acordes você toca uma nota do arpejo, então geralmente é mais apropriado tocar um arpejo ascendente. Também é extremamente útil dizer o nome das notas e extensões em voz alta, conforme você tocá-las sobre o acorde. Tente isso. Melhor ainda, tente cantar essas notas!

A **figura e exemplo de áudio 13a** começa com a nota mais baixa nessa posição: a **5ª** de **Em7** (B). Toque o arpejo **5-11** ascendente. Desça para a **b7** de **A7** e suba em um arpejo **b7-13**. Desça para a **9ª** (E) de **Dmaj7**, e depois para a 3ª.

Na **figura e exemplo de áudio 13b** nós subimos em **Em7** da **b7** para a **13ª**, descemos para a **b9** de **A7** e subimos até a **b7**. Aí, descemos para a **3ª** de **Dmaj7** e, por fim, para a **5ª**.

A **figura e exemplo de áudio 13c** faz o arpejo ascendente de **Em7** a partir da nota **tônica**, desce para a **3ª** de **A7**, sobe para a **b9**, desce para a **5ª** de **Dmaj7** e desce para a **7ª**.

A **figura e exemplo de áudio 13d** faz um arpejo ascendente a partir da **3ª-9ª** de **Em**, sobe para o **5-3** de **A7** e então desce para um **13-7** (através da **#11**) de **Dmaj7**.

Um pequeno macete para você testar como variação está na **figura e exemplo de áudio 13e:** Arpejo ascendente de **5-11** no **Em7**, descida de **13-b7** no **A7**(embora, tecnicamente, a **b7** esteja mais próxima), e então subida de **3-9** em **Dmaj7**.

Você pegou a ideia. Divirta-se com esses conceitos por quanto tempo quiser, e tente criar alguns licks adicionando notas nota de aproximação cromática, etc. Toque-os com as faixas de apoio. A **figura e exemplo de áudio 13f** mostra como você pode tornar o exemplo anterior algo muito mais melódico:

Quando estiver confiante com essas ideias, experimente outra "regra" da lista acima. Por exemplo: que tal tocar um arpejo descendente a partir de extensões mais altas, e então subir para a próxima nota do arpejo, como **figura e exemplo de áudio 13g**?

Lembre-se: isso é apenas um exercício para ajudá-lo a mapear o braço da guitarra. Assim que você tiver uma sequência que goste, toque-a, decore-a e torne-a musical. Você deve sentir que está criando melodias.

Aula 14 - Notas Guia

As notas guia são uma ferramenta simples, porém importantíssimas para solar sobre qualquer música.

Quando falamos sobre notas guia, estamos nos referindo, especificamente, à **3ª** e à **7ª** de qualquer acorde. Notas guia são importantes porque, quando são tocadas, elas definem o acorde. Na verdade, há apenas dois

acordes que conseguem compartilhar as mesmas notas guia.

Por exemplo: a **b7** de **A7** (G) também pode ser a **3ª** maior de **Eb7**. A **b7** de **Eb7** (Db) é a mesma nota que a **3ª maior** de **A7** (C#). Nós iremos explorar essa ideia em detalhes no próximo capítulo.

Por ora, você precisa saber onde as **terças** e **sétimas** estão localizadas em cada acorde. Nós já tocamos arpejos ascendentes (ampliados)

em ambos os intervalos.

O seu primeiro exercício é, simplesmente, tocar essas notas guia sobre a progressão ii V I. Primeiro, toque **terças** e **sétimas** nas oitavas baixas, como na **figura e exemplo de áudio 14a:**

A seguir, toque 7-3 nas oitavas baixas, como na **figura e exemplo de áudio 14b:**

Então, encontre-as nas oitavas altas, como nas **figuras e exemplos de áudio 14c-d.**

Por fim, adote uma abordagem de buscar a nota mais próxima. Procure a nota guia mais próxima durante a mudança de acordes no ii V I. Você deve tentar essa ideia com grupamentos de quatro cordas: primeiro nas quatro cordas altas, depois nas quatro do meio e, por fim, nas quatro graves. Há muitas combinações possíveis, mas eu mostrei apenas uma ideia possível para cada grupamento.

Figuras e exemplos de áudio 14e-g.

Ao usar notas guia, você deve ser capaz de se ouvir definindo o acorde em cada mudança. Um ótimo exercício consiste em desligar a faixa de apoio, colocar um metrônomo e solar apenas com as notas guia. Você deve ouvir a harmonia.

Destacar a harmonia dessa forma é muito importante. Isso significa que, inobstante o quão "fora" ou o quão cromaticamente você toque, você sempre poderá voltar e tocar uma nota guia no primeiro tempo do novo acorde. Assim, as suas linhas sempre farão mais sentido, tanto harmônica quanto melodicamente.

Outro exercício, que está um pouco além do escopo deste livro, consiste em tocar as notas guias e uma extensão. Por exemplo: **b3, b7 e 9** sobre um acorde menor; **3, b7 e b9** sobre um acorde dominante; e **3, 7 e 9** sobre um acorde maior. Veja a **figura e exemplo de áudio 14h:**

Tente-a sobre a progressão ii V I, utilizando-a como um de seus primeiros exercícios quando for solar sobre uma nova música.

É fundamental que você aprenda a definir cada acorde que você tocar com as notas guia.

Resumindo:

As notas guia são uma ferramenta simples, porém importantíssimas para solar sobre qualquer música. Elas são uma das primeiras coisas que você deve praticar quando estiver aprendendo uma nova progressão.

Aula 15 - A Substituição Trítona

No capítulo anterior, nós conhecemos as Notas Guia e como elas são úteis na hora de definir um acorde. No começo do capítulo eu ressaltei que apenas dois acordes podem dividir as mesmas notas guia, e dei o exemplo de **A7** e **Eb7**. Esse é um princípio fundamental no jazz, que merece um estudo sério.

Vamos rever o exemplo de **A7** e **Eb7**. Ambos os acordes são dominantes, e a distância entre as suas notas **tônicas** equivalente a um intervlo **b5** (três notas). Isso se chama *trítono*.

Acorde	3ª	b7
A7	C#	G
Eb7	G	Db (C#)

Se nós considerarmos que Db e C# equivalem harmonicamente à mesma nota, então é fácil perceber que **Eb7** e **A7** possuem as mesmas notas guia. Observe que a **3ª** de **A7** se torna a **b7** de **Eb7**, e a **3ª** de **Eb7** se torna a **7ª** de **A7**.

A relação entre notas guia sempre ocorre na música, e ela pode ser descrita pela seguinte regra:

"Dois **acordes dominantes** têm as mesmas notas guia se estiverem a um intervalo **b5** de distância".

Por que isso é tão importante?

No último capítulo eu mostrei que as notas mais importantes de qualquer acorde são a **3ª** e a **b7**. Enquanto nós soubermos identificar essas notas, nós poderemos tocar sobre praticamente qualquer acorde, mantendo nossa melodia próxima da harmonia que está sendo tocada ao fazermos referências aos seus acordes.

Esse conceito foi descoberto pelos músicos de jazz dos anos 40, e agora qualquer músico de jazz utiliza isso com frequência. O lugar mais instintivo para começar seria com um arpejo de Eb7, ao invés do arpejo de A7: Isso nos dá o nome "substituição trítona", pois nós iremos substituir o acorde dominante original pelo acorde que está a um trìtono (**b5**) de distância.

A **figura e exemplo de áudio 15a** mostra o diagrama do arpejo de **Eb7** no braço da guitarra. Desse ponto em diante, nós iremos explorar as possibilidades para esse arpejo sobre a harmonia original em A7. É importante lembrar que, ao longo desses exemplos, o acorde A7 estará tocando em todas as faixas de apoio.

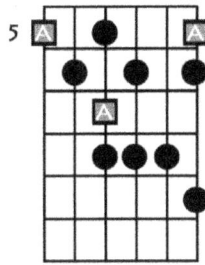

THE TRITONE
SUBSTITUTION

Em7   A7

Quais notas/intervalos nós estamos tocando sobre o acorde A7?

O acorde tocado na base continua sendo um A7. Isso significa que nós estaremos ouvindo as notas do arpejo de **Eb7** sobre uma nota **tônica** de A. Você verá, na tabela a seguir, que isso nos dá algumas tensões interessantes sobre o acorde dominante original:

Arpejo de Eb7	Eb	G	Bb	Db / C#
Intervalos em relação a A	b5	b7	b9	3

Eu espero que esteja claro para você que quando nós tocamos o arpejo de

 Eb7 sobre uma harmonia em **A7**, nós tocamos os intervalos médicos de **b5#11, b7, b9** e **3.** Em outras palavras, duas importantes notas guia e duas saborosas extensões.

Vamos aprender a tocar a substituição trítona.

Assim que estiver confortável em tocar esse desenho do arpejo **Eb7**, insira-o na progressão ii V I sobre o acorde V. Toque-o na tônica; então, toque-o na tônica e na terça, na tônica, na terça e na quinta e, por fim, na tônica, na terça, na quinta e na b7, como nas **figuras e exemplos de áudio 15b-e-.**

Isso exigirá um esforço. Seja perseverante. Também pratique essas ideias descendo para a oitava das cordas altas.

Quando estiver confortável em tocar o arpejo da tônica até a b7, concentre-se em acertar as terças, depois as quintas e as b7s, como nas **figuras e exemplos de áudio 15f-h.**

A última fase desse processo é deixar os seus dedos explorarem livremente os arpejos usando a faixa de apoio lenta. Procure encontrar as notas mais próximas para o arpejo do acorde seguinte, acertando as mudanças de acordes. Eu recomendaria que você tentasse aprender esses "atalhos" trabalhando sobre um pequeno grupo de três cordas, como mostrado nas

Figuras e exemplos de áudio 15i-k. Só mude para o próximo grupo de cordas quando sentir que exauriu todas as possibilidades para o atual.

Nós iremos trabalhar com esse conceito pelos próximos três capítulos. Mais uma vez, essa aula contém uma grande quantidade de informação. Eu sugiro que você passe um longo tempo aqui, internalizando o som até que ele esteja debaixo das suas unhas.

O tempo que você investir aqui irá melhorar o seu ouvido melódico e reforçar esses desenhos em sua mente.

Aula 16 - A Substituição Trítona, Parte 2

Na aula 15 nós começamos a explorar o som da substituição trítona, que é muito importante no jazz. Agora nós iremos prosseguir, combinando o arpejo do acorde dominante 7 (construído sobre o trítono do acorde "V" original) com notas cromáticas nota de aproximação e passagem e a escala bebop.

Ao invés de mostrar o passo-a-passo, como eu fiz nos capítulos anteriores, eu acho que agora será mais benéfico se fizermos a "engenharia reversa" dos licks, para ilustrar algumas possibilidades melódicas úteis.

Ouça e toque a **figura e exemplo de áudio 16a**. Nós começaremos com uma ideia baseada em um arpejo descendente de **11-5** sobre o acorde **Em7**. Daí, nós fazemos um slide para a **5ª** do arpejo de **Eb7**. Observe como eu usei notas cromáticas para manter as notas do arpejo nos tempos fortes do compasso. A frase é resolvida na **9ª** do acorde **Dmaj7**.

Agora, vamos estudar a **figura e exemplo de áudio 16b**. Nós começamos com uma figura baseada no arpejo de **b7-13** sobre **Em7**, e subimos pela escala bebop com alguns cromatismos antes de acertar a **3ª** do arpejo de **Eb7**. Nós subimos em notas cromáticas antes de descermos o arpejo para resolvê-lo na **tônica** do acorde **Dmaj7**.

A **figura e exemplo de áudio 16c** é uma frase que utiliza a escala bebop sobre ambos os acordes **Em7** e **A7**. Sobre **Em7**, nós combinamos arpejos de **b7-13** e **b3-9**, e sobre **A7** nós misturamos isso com um arpejo descendente de **Eb7**, antes de resolver a frase na **3ª** de **Dmaj7**.

A **figura e exemplo de áudio 16d** combina arpejos descendentes de **9-b3** e **13-b7** sobre **Em7**, antes de fazer um slide para a **tônica** de Eb da substituição trítona. Nós inserimos uma pequena nota cromática nota de aproximação, meio blueseira, antes e depois da **b7**, e outro padrão cromático nota de aproximação na **5ª** de **Dmaj7**.

A **figura e exemplo de áudio 16e** usa notas cromáticas no contratempo sobre **Em7** antes de fazer um salto de sexta sobre **A7**. Nós descemos em um arpejo de **Eb7** para a **5ª** de **Dmaj7**.

Por fim, a **figura e exemplo de áudio 16f** mostra um padrão ascendente sobre as nossas mudanças. Na maioria das vezes nós acabamos acompanhando melodicamente as mudanças até a nota de resolução. Esse exemplo mostra que, com um pouco de raciocínio, nós podemos facilmente seguir em outra direção. Sobre **Em7** nós tocamos uma ideia baseada no arpejo descendente de **5-11**. Sobre **A7** nós subimos esse padrão em um semitom para realçar o acorde **Eb7**, e sobre **Dmaj7** nós utilizamos um padrão descendente de **7-13** que inclui a extensão **#11**.

As frases acima representam uma boa mistura de ideias comuns de substituição trítona no bebop. Você deve ser capaz de enxergar como eu as construí, combinando os conceitos dos capítulos anteriores.

Resumindo:

É importante ser capaz de fazer a engenharia reversa nos licks como nós fizemos acima. Assim que você pegar o jeito dessas ideias, é hora de começar a praticar e desenvolver a sua liberdade melódica com o instrumento. Em particular, eu recomendaria retornar aos capítulos 7, 9 e 13, aplicar os conceitos dali às ideias de arpejos da substituição trítona desse capítulo e do anterior.

Adquira a disciplina de escrever as suas próprias ideias e aprendê-las sobre uma faixa de apoio lenta, de modo que você possa ouvir as mudanças que ocorrem na sua melodia. Assim que você começar a dominar uma frase na ponta dos dedos, tente tocá-la sobre uma faixa de apoio mais rápida. Quando estiver confortável com isso, toque apenas com um metrônomo. Você ainda deve ser capaz de ouvir as mudanças articuladas na sua execução.

Nós ainda não terminamos o conceito de substituição trítona, mas esse é um bom lugar para consolidar o que já aprendemos até aqui. Também é importante não se esquecer de praticar as ideias do começo do livro. Os arpejos ampliados sobre o acorde **A7** que nós descobrimos nos capítulos **10-12** ainda são importantes e têm um ótimo som.

Como saber quando você estará pronto para continuar?

Seja paciente, vá com calma e só siga para o próximo capítulo quando você estiver tocando os meus licks e as suas próprias ideias sobre uma faixa de apoio com a progressão ii V I em tempo médio.

Você deve seguir em frente apenas quando conseguir visualizar que cada nota que você tocar é uma extensão do acorde da harmonia.

Aula 17 - Extensões da Substituição Trítona, Parte 1

Há uma grande aula de Pat Metheny surfando por aí na Internet. Ele está dando uma aula particular, e menciona que se você analisar os solos do John Coltrane, todos eles são, praticamente, *acordes dominantes com substituições trítonas, com todas as extensões disponíveis, a todo momento.*

Procure por "Pat Metheny Guitar Lesson Part III" no YouTube.

Nós iremos explorar justamente esse conceito.

Assim como nós tocamos extensões a partir do nosso arpejo original de **A7** (as **b9**s, **11**s e **13**s), nós agora podemos ampliar o arpejo do **Eb7** substituto para tocar suas **9**s, **11**s e **13**s. Particularmente, estender até a 9 costuma gerar ótimas frases!

Quando nós tocamos esse arpejo ampliado sobre o nosso acorde original A7, estas são as tensões que você escutará:

Notas do arpejo ampliado de Eb7 (3-9)	G (3)	Bb (5)	Db/C# (b7)	F (9)
Intervalos a partir de Lá	b7	b9	3	#5/b13

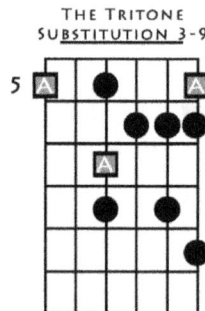

THE TRITONE
SUBSTITUTION 3-9

A **figura e exemplo de áudio 17a** mostra a extensão **3-9** de Eb7 sobre praticamente duas oitavas inteiras. Observe como ela se encaixa bem em sua mão na oitava baixa. Nós começaremos tocando arpejos 3-9 sobre cada acorde da progressão, como mostrado na **figura e exemplo de áudio 17b**.

Observe como as notas nas cordas B e G descem, passo a passo, de **Em7** até **Dmaj7**. Um exemplo bastante rápido para utilizar esse conceito está na **figura e exemplo de áudio 17c:**

Como de costume, tente encontrar caminhos pelas mudanças usando apenas desenhos do arpejo 3-9 em uma única oitava. Toque em semínimas (1/4) para reforçar o movimento melódico. Uma possível rota através das mudanças pode ser a da **figura e exemplo de áudio 17d:**

Quando estiver confortável, tente as ideias na oitava alta, talvez como na **figura e exemplo de áudio 17e:**

Trabalhe tentando encontrar tantos caminhos quanto possível.

Eu não vou esconder: esse é o meu jeito favorito de tocar sobre a progressão ii V I. É o meu som "garantido" padrão quando eu estou com dificuldades com as mudanças de alguma música nova.

As **figuras e exemplos de áudio 17f-h** oferecem alguns licks baseados nessa ideia. Eles combinam a escala bebop com notas cromáticas nota de aproximação e tudo o que nós abordamos antes. Estude-as e escreva as suas próprias frases. Apenas sente com o seu instrumento e crie uma frase com as técnicas que nós discutimos.

Escreva-as, memorize-as na sua guitarra. Toque-a sobre mudanças rápidas e as internalize. A frase é sua e pertence a você. Você estudou e trabalhou duro para criá-la.

Como saber quando você estará pronto para continuar?

Seja paciente, toque devagar e apenas siga para o próximo capítulo quando você estiver tocando os meus licks e as suas próprias ideias, confortavelmente, sobre uma faixa de apoio na progressão ii V I em tempo médio.

Você deve seguir em frente apenas quando conseguir visualizar que cada nota que você tocar é uma extensão do acorde da harmonia.

Aula 18 - Extensões da Substituição Trítona, Parte 2

Este capítulo aborda a próxima extensão da substituição trítona: **5 - #11.**

Para recapitular, nós "impusemos" um arpejo de **Eb7** sobre o nosso acorde **A7** original, e agora tocaremos os seus arpejos ampliados.

Nós estamos construindo um arpejo ampliado a partir da **5ª** do arpejo de **Eb7**, até chegarmos ao intervalo **#11**. Se você analisar esse arpejo isoladamente, acontece de ele ser um arpejo **menor/maior com 7ª**, e é construído a partir da **5ª** da substituição trítona do acorde **A7** original. Mas não é dessa forma que nós pensamos nas coisas!

Agora isso serve apenas como um desenho, e te oferece possibilidades de notas que você normalmente não teria à disposição. Como sempre, deixe os seus ouvidos te conduzirem. Musicalidade sempre vem em primeiro lugar.

Porque um intervalo **#11** e não um **11** natural? Sem entrar muito em teoria, esses intervalos vêm de uma escala chamada "Escala Alterada", que não possui um intervalo **11** natural, apenas um intervalo **#11/b5**. É esse intervalo que iremos usar aqui.

Quando nós tocamos esse arpejo sobre a harmonia em **A7**, os intervalos que ocorrem são:

Notas do arpejo ampliado de **Eb7** 5 - #11	Bb (5)	Db/C# (b7)	F (9)	A (#11)
Intervalos a partir de Lá	b9	3	#5 / b13	Tônica

A **figura e exemplo de áudio 18a** é o diagrama do braço da guitarra para o arpejo ampliado **5-#11** de **Eb7**:

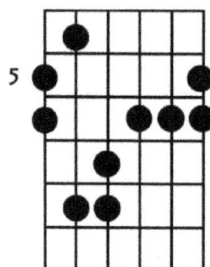

THE TRITONE
SUBSTITUTION 5-#11

Esse desenho funciona bem sobre as duas oitavas e tem um som ótimo nas mais graves. Como sempre, nós começaremos aprendendo o desenho, para então tocá-lo lentamente no contexto da progressão ii V I em Ré Maior.

Vamos começar com arpejos **5-11** ascendentes e descendentes sobre toda a progressão, usando ambas as oitavas onde pudermos. Estude a **figura e exemplo de áudio 18b.**

Quando estiver conforável com o exercício, tente limitar os arpejos **5-11** a apenas três grupos de cordas. Tente encontrar os caminhos mais curtos entre eles.

As **figuras e exemplos de áudio 18c-e** são apenas três de várias outras possibilidades.

Assim que tiver internalizado essa ideia, tente tocar qualquer extensão dos arpejos de **Em7** e **Dmaj7**, mas permaneça tocando o mesmo trítono **5-#11** sobre o acorde **A7**. A **figura e exemplo de áudio 18f** é apenas uma das várias possibilidades de encontrar a "nota mais próxima":

Por fim, aqui vão três licks que combinam a escala bebop e ideias cromáticas com o arpejo ampliado **5-11** de **Eb7**. Aprenda as **figuras e exemplos de áudio 18g-i.**

Como vínhamos fazendo, analise as frases para ver onde a escala bebop de A7 é tocada. Procure por padrões cromáticos nos contratempos abordando as notas dos arpejos nos tempos fortes.

Seja paciente, toque devagar e apenas siga para o próximo capítulo quando você estiver tocando os meus licks e as suas próprias ideias, confortavelmente, sobre uma faixa de apoio na progressão ii V I em tempo médio.

Aula 19 - Extensões da Substituição Trítona, Parte 3

O último arpejo ampliado é da **b7** até a **13** na substituição trítona **Eb7**.

Aqui estão os intervalos da extensão **b7-13** de **Eb7**, e as tensões que eles criam sobre o acorde **A7** original:

Notas do arpejo **b7-13** de **Eb7**	Db/C# (b7)	F (9)	A (#11)	C (13)
Intervalos a partir de Lá	3	#5 / b13	Tônica	#9 / b3

A **figura e exemplo de áudio 19a** contém o diagrama do braço da guitarra para esse desenho.

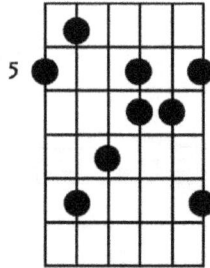

Vamos tocar sobre a progressão ii V I a parir da **tônica** de cada arpejo, ou seja: tocar de E - D sobre **Em7**, então de Db - C no nosso arpejo, e então de D - C# no arpejo de **Dmaj7**.

É mais fácil aprender e tocar isso do que ler, então memorize a ideia da **figura e exemplo de áudio 19b** sobre as duas oitavas:

Quando estiver confiante, toque as extensões **b7-13** sobre cada arpejo (Db-F no **Eb7**), como na **figura e exemplo de áudio 19c.** Pratique essa ideia também na direção descendente.

A **figura e exemplo de áudio 19d** mostra os arpejos **5-11** sendo tocados (com o arpejo b7-13 de **Eb7** sendo tocado a partir da 5 sobre A7). Dessa vez, apenas a versão ascendente é mostrada. Certifique-se de aprendê-la na direção descendente.

Por fim, você pode usar essa ideia com arpejos **7-13** e tocando C-A sobre **A7**, como na **figura e exemplo de áudio 19e:** Sempre aprenda esses exemplos nas direções ascendente e descendente.

Evidentemente, isso é bastante trabalho, mas o ponto é que você precisa ser capaz de cobrir cada eventualidade. Não tenho dúvidas de que você dominará esses desenhos de trás para frente. O meu conselho é que você encontre os que te deixam confortávelk, e aposte neles. Se algo for difícil de tocar, então não toque. Há vários outros desenhos mais simples que produzem grandes tensões. Então, por que perder tempo forçando os seus dedos a tocarem padrões que não querem ser tocados?

Passar horas aprendendo coisas que não são naturais para você faz com que você fique "travado" nessas ideias. Isso inibe o impulso da improvisação e atrasa o seu progresso. Encontre o equilíbrio. - Joe Pass.

Como sempre, comece a improvisar livremente sobre as mudanças, limitando-se a tocar em apenas três cordas, procurando as notas mais próximas entre cada arpejo. Permaneça na extensão **b7-13** de **Eb7** sobre **A7**, mas permita-se tocar o que você conseguir encontrar em **Em7** e **Dmaj7**. Veja as **figuras e exemplos de áudio 19f-h.** Lembre-se, há várias formas possíveis de tocar essas mudanças.

Esse exercício deve ocupar uma boa parte do seu tempo. Ele lhe permite tocar espontaneamente.

Por fim, "apimente" tudo com notas cromáticas e da escala bebop! Veja as **figuras e exemplos de áudio 19i-k:**

Estude as frases acima para ver onde eu estou inserindo as notas "de fora", e então crie as suas.

No capítulo seguinte nós veremos como tocar tudo junto sobre mudanças de tom. Estamos quase lá!

Você deve seguir em frente apenas quando conseguir visualizar que cada nota que você tocar é uma extensão do acorde da harmonia.

Aula 20 - Mudando os Tons

Uma coisa que você sabe sobre o bebop é que há constantes mudanças de tom. Mesmo quando a música permanece em um tom por um período relativamente longo (8 compassos ou algo assim), há oportunidades para tocar os licks da progressão ii V I e outras ideias "superpostas" sobre as mudanças originais. Neste capítulo nós aprenderemos um método de praticar que lhe permitirá tocar os licks que você já sabe, mas em outros tons.

Comece com qualquer lick que você conheça, certificando-se apenas de que ele começa em alguma nota do acorde da harmonia - e não sobre uma extensão. Nós permaneceremos com esse lick por um tempo, então escolha algo com o que você esteja confortável.

Eu escolhi a **figura e exemplo de áudio 20a.** Esse exemplo começa na **b7** do acorde **Em7**:

Veja a **figura e exemplo de áudio 20b.** Preste bastante atenção aos desenhos dos acordes que estão ilustrados sobre a notação.

Toque a progressão de acordes usando os mesmos desenhos dos diagramas. Como você pode ver, nós começamos tocando a progressão ii V I original no tom de Ré Maior; ela então é diretamente "traduzida" para outra posição do braço, tornando-se um ii V I em Fá Maior.

Toda a técnica consiste em "desbloquear" o braço da guitarra de modo que você visualize as suas frases em torno do primeiro acorde da progressão ii V I. Por exemplo, quando eu toco o acorde de **Em7**, eu posso ver que o lick de exemplo, a partir da **b7**, começa uma nota abaixo do meu 2º dedo. Eu toco o lick sobre o primeiro acorde do ii V I e então visualizo o mesmo desenho de acorde na **10ª** casa, tocando **Gm7**. Mais uma vez, eu começo o lick uma nota abaixo do meu 2º dedo (na 8ª casa), e, magicamente, estou tocando a frase "certa" para cada conjunto de mudanças.

Esse conceito é mostrado na **figura e exemplo de áudio 20c.** O acorde que eu estou visualizando é mostrado pelos pontos quadrados, e a primeira nota do lick é mostrada no círculo vazio. Esse exato exemplo é, então, transposto para a parte de cima do braço da guitarra, na posição correta para Gm7.

Toque esse exemplo como mostrado na **figura e exemplo de áudio 20d**; nós estamos, simplesmente, transpondo a mesma frase para cima e para baixo no braço da guitarra, entre dois tons diferentes. No começo, será um pouco mais difícil do que você pensa. Leva um tempo até você conseguir visualizar confortavelmente a primeira nota do lick em conjunto com o desenho do acorde.

Lembre-se: se você *realmente* conhecer o lick, você não precisa se preocupar com quais notas está tocando. Você deve pensar apenas em onde o lick começa.

Quando estiver confortável com isso, escolha outro lick que você conheça bem, mas, dessa vez, comece-o a partir da **tônica** do acorde **Em7**. Repita o mesmo processo para tocar a frase sobre as mudanças.

Um exemplo pode ser o da **figura e exemplo de áudio 20e.** Visualize a frase começando de onde o seu 2º dedo toca a **tônica** do desenho do acorde.

Agora, para uma parte mais desafiadora: Toque a frase da figura **20a** (começando na **b7**) sobre o ii V I em Ré, e aí toque a frase da figura **20e** (começando na **tônica**) sobre o segundo ii V I em Fá, como na **figura e exemplo de áudio 20f.**

Agora, nós estamos tocando duas frases diferentes sobre dois conjuntos diferentes de mudanças. Tente trocar esses licks de lugar, de modo que você comece a frase da **tônica** sobre as primeiras mudanças, para então tocar a frase da **b7** nas mudanças seguintes, como na **figura e exemplo de áudio 20g.**

Quando estiver feliz tocando essas duas frases, insira uma frase que comece na **b3** do acorde **Em7**. Tente a **figura e exemplo de áudio 20h.**

Lembre-se de visualizar a frase começando na nota correspondente do desenho do acorde. Aprenda-a isoladamente sobre um conjunto de mudanças, e então combine-a com um ou mais licks que você aprendeu anteriormente.

Repita o processo com licks sendo tocados na **5ª** e nas oitavas da **b7**, da **tônica** e da **3ª**. Algumas boas para você começar estão nas **figuras e exemplos de áudio 20i-l:**

Imagine que você tem 2 licks para cada nota do arpejo de **Em7**; um na direção ascendente e outro na descendente. (Todos os licks deste capítulo foram, deliberadamente, ascendentes.)

Se você conseguir visualizar esses licks no contexto de cada desenho de acorde, então não importa para onde você mova o acorde: você sempre terá um vocabulário na direção ascendente e outro na direção descendente para toda e qualquer nota do acorde. A liberdade que você terá para tocar sobre complexas mudanças de acordes é ilimitada.

Um último ponto: Quando você pratica dessa forma, as suas frases começarão a se mesclar. Você, naturalmente, combinará frases, incorporará ritmos diferentes e tornará essas frases suas. Esse é um divisor de águas no seu desenvolvimento, então não seja tão rígido nem se preocupe em tocar os licks da forma "certa". Se o som é bom, então está bom. Essa é a sua única regra.

Você percorreu um caminho muito, muito longo. O seu próximo desafio será, eventualmente, aplicar todos os 20 capítulos deste livro em outra posição da guitarra. Tente começar com o **Em7** na 12ª casa, e parta daí. Não se preocupe; da segunda vez é muito mais fácil!

Interaja

Junte-se às mais de 10.000 pessoas que estão recebendo seis aulas de guitarra de graça todos os dias no Facebook:

www.facebook.com/FundamentalChangesInGuitar